De eekhoorn legt een ei
en andere fabels

Janneke Schotveld

De eekhoorn legt een ei
en andere fabels

met illustraties van
Noëlle Smit

Van Goor

NUR 282
ISBN 978 90 00 37634 6
ISBN 978 90 00 37635 3 (e-book)

© 2021 Van Goor
Uitgeverij Unieboek | Het Spectrum bv

www.jannekeschotveld.nl
www.noellesmit.nl
www.de-leukste-kinderboeken.com

tekst Janneke Schotveld
illustraties Noëlle Smit
vormgeving Petra Gerritsen, Spletters.nl

'Als je met zevenmijlslaarzen loopt,
zie je geen madeliefjes.'

Inhoud

De vele vrienden van de haas   9
De mug en de wolf   13
Gregorius de krekel   16
De spreeuw met de pauwenveren   21
Waar een kleine bromvlieg groots in kan zijn   25
De kok die (bijna) zijn kat slachtte   27
Het bosmuisje en het everzwijn   33
De mieren hebben het gedaan   37
De wolf en de hond   41
De eekhoorn legt een ei   45
Een stelletje vreemde vrienden   51
Het knapste duifje van de koerklas   55
De vos, de kraai en een blokje kaas   59
De blaaskaak   63
De schildpad en de haas doen een wedstrijdje   66

De vele vrienden van de haas

D E HAAS ZAT DE HELE DAG voor zijn hol op zijn telefoon. Hij was bezig de perfecte foto te maken. Hij was ook echt erg knap, hoor, dat zeker.
Vandaag besteedde hij extra aandacht aan zijn lange, zachte oren. Hij kamde ze tot ze glommen en maakte een foto.
Net op dat moment kwam de mol uit de naastgelegen molshoop.
'Ha haas,' zei hij.
'Even niet,' zei de haas. 'Ik ben bezig.'
'Wat doe je dan?' vroeg de mol, die niet kon zien waar de haas mee bezig was.
'Ik maak een foto van mijn oren en zet die op Fabelbabbel.'
'Fabelbabbel, wat is dat?' vroeg de mol.
'Daar zitten al mijn vrienden,' zei de haas. 'Ik heb er vijfhonderd.'
'Vijfhonderd! Dat zijn veel vrienden,' zei de mol onder de indruk.
'Tien vind-ik-leuks binnen twee minuten!' riep de haas blij.
'Nou, dan ga ik maar weer naar beneden,' zei de mol.
'Het roodborstje vindt het zelfs geweldig,' ging de haas verder. 'Logisch, die heeft zelf van die miezerige oortjes.'
'Dag,' zei de mol. 'Tot ziens, hè.'

Een paar dagen later zat de mol lekker in het zonnetje voor zijn hoop. Het duurde even voor hij doorhad dat het wel erg stil was naast hem.
'Haas?' vroeg hij. 'Ben je naar je vrienden toe?'
Met een steek in zijn kleine mollenhartje dacht hij aan de vele vrienden van de haas.
De mol had ook wel wat vrienden. Nou ja, twee eigenlijk, om precies te zijn.
Als hij jarig was kwamen ze langs en soms spraken ze af om elkaar te helpen met graven.

Maar de haas had er zo veel!

Ach, dacht de mol. Lekker in mijn eentje in het zonnetje is ook wel fijn.

Zo zat hij een tijdje, tot hij iets hoorde.

Een zacht, zielig geluidje.

Mollen kunnen dan misschien niks zien, horen kunnen ze als de beste. Het geluidje kwam uit het huis van de haas!

De mol liep erheen. 'Haas?'

'Hier ben ik,' klonk het heel schor.

De mol kroop naar binnen.

Mollen kunnen dan misschien niks zien, ruiken kunnen ze als de beste. En het rook hier niet fris. De haas was ziek!

'Mijn spieren doen zo'n zeer, ik heb het zo heet,' klaagde de haas.

'Je hebt griep,' zei de mol. 'Je moet verzorgd worden, waar zijn je vrienden?'

Het was even stil.

Toen begon de haas op te sommen: 'Vier koolmeesjes, de hele mieren-hoop, de uil, twee vossen en zesentwintig mussen vonden het verdrietig. Het edelhert, zes reeën, de pauw en wel twintig konijnen zeiden "beter-schap!" En de haas die bij de zandheuvel woont heeft "vind ik leuk" aangeklikt, maar dat is vast een vergissing.'

De mol snapte niet helemaal wat de haas zei. Maar dat heb je wel vaker met koorts, wist hij. En hij begreep nu ook dat de haas misschien wel een heleboel vrienden had, maar dat niet één van die vrienden hier was. Dus ging de mol aan de slag.

Hij gaf de haas een natte doek voor op zijn voorhoofd en verschoonde zijn lakens.

Hij deed de was, hij boende het hol en zong liedjes voor de zieke. Het waren liedjes over dikke pieren en mooie mollenmeisjes met velletjes zo zacht.

Maar dat deerde de haas niet. Hij had zich zo alleen gevoeld en nu voelde hij zich zo veilig.

Dat was fijn.

Twee dagen later kroop de haas nog een beetje wiebelig, maar al veel sterker, zijn hol uit.

Het zonnetje scheen op zijn kop.

Daar kwam de mol aan. 'Ha, daar is de patiënt!' riep hij en hij gaf de haas een kom soep. 'Ik heb wortelsoep voor je gemaakt.'

Doordat de mol zo goed kon ruiken, kon hij uitstekend koken.

'Dank je wel, mol,' zei de haas.

'Weten je vrienden al dat je beter bent?' vroeg de mol.

'Vrienden?' herhaalde de haas.

'Ja,' zei de mol. 'Vijfhonderd heb je er, toch? Die zullen wel blij voor je zijn.'

De haas keek stilletjes voor zich uit. 'Weet je…' begon hij. Voorzichtig legde hij zijn poot om de kleine mol heen. 'Een goede buur is beter dan een online vriend.'

'O,' zei de mol. Hij glimlachte.

En zo bleven ze nog een hele tijd samen zitten.

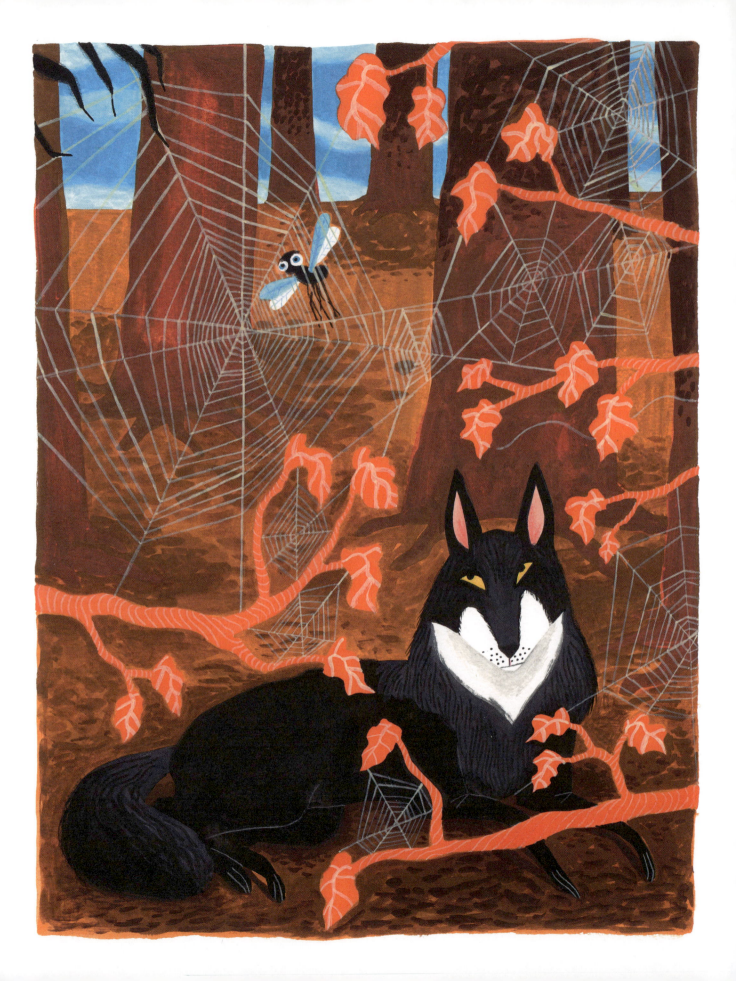

De mug en de wolf

Er was eens een mug die lekker wat aan het rondzoemen was, daar houden muggen nu eenmaal van.

Ze vloog eens hierheen en dan weer daarheen en nam zowel hier als daar een hapje. Tot ze de wolf tegenkwam.

'Hela, hoepel op!' riep de wolf, zodra hij het mugje in het oog kreeg. Hij had een rothekel aan die kleine, zoemende beestjes.

'Nou, nou, toontje,' zei de mug.

'Zeg, weet jij wel wie je voor je hebt, pietepeuterig prulletje?' riep de wolf.

'Zeker wel: een grote opschepperige haarbal,' antwoordde de mug en pesterig vloog ze rondjes om zijn hoofd.

'Ellendig ettertje.' De wolf ging zitten, vulde zijn longen met lucht en huilde zo lang en zo hard als hij kon.

Vogels vlogen geschrokken op, regenwurmen doken dieper de aarde in en bomen wankelden op hun wortels. Zó indringend was het.

Tevreden klapte de wolf zijn bek dicht. Nu zal dat miezerige mugje wel geschrokken zijn, dacht hij.

Maar de mug ging op zijn neus zitten, krabde met één pootje aan haar muggen-kinnetje en vroeg: 'Zei je wat? Ik kon het niet zo goed verstaan.'

Nu raakte de wolf buiten zinnen van woede.

Hij hapte en stampte en brieste.

Hij rende rondjes achter zijn eigen staart aan.

Het arme dier maakte zich zo vreselijk druk, dat hij uiteindelijk uitgeput neerviel.

De mug zag het gebeuren. Ze danste en zoemde van blijdschap.

'Ik ben briljant!'

'Ik ben de beste!'

'De muggen nemen de wereld over!'

'Klein maar fijn!'
Ze ging zo op in haar victorie dat ze niet oplette waar ze vloog.
Dat was dom.
Ze vloog namelijk regelrecht in het web van een mollige spin.
'Ha,' zei Ria, want zo heette de spin. 'Klein maar fijn.'
En met één hap was de mug verzwolgen.

Tja.

Gregorius de krekel

Ken je het geluid van krekels in een zwoele zomernacht? Krekels worden met muziek in hun kop geboren. Al musiceren ze met hun vleugels. (Dat ze muziek maken met hun poten is een hardnekkige fabel.)

Afijn.

De beroemdste krekel die ooit heeft bestaan heette Gregorius. Hij was groen en hij was groots. (Krekels zijn doorgaans bruin, maar Gregorius was een bijzonder geval. Ze zeggen zelfs dat hij al kon spelen toen hij nog in het ei zat.)

Toen hij nog maar een klein kleuterkrekeltje was, waarschuwde zijn oma hem al. 'Denk om de winter, jongen!'

'Waarom, oma?' vroeg Gregorius.

'Omdat je vleugels dan stijf zijn van de kou. De winter is een monster. Dus denk om de winter, Gregorius!'

Zolang hij nog thuis woonde, dacht hij er niet aan. Dat hoefde ook niet, want er werd voor hem gezorgd.

Toen ging Gregorius uit huis. Hij vond een mooi plekje vlak bij een grote waterplas. Zijn muziek galmde zo mooi over het water, vandaar. En al snel werd hij beroemd.

Hij zong geen gewone krekelliedjes over de zon, over vers gras en knapperige zaadjes. Of over vrouwtjes met lange poten en sierlijke vleugels. Nee, Gregorius speelde die hele zomer lang dag en nacht Bach en Beyoncé.

Van heinde en ver kwamen andere krekels naar hem luisteren. Ze probeerden hem bij te benen met hun vleugels. Maar niemand kon zich meten aan die groene Gregorius met zijn prachtige spel.

Toen werd het winter.

De dagen werden korter, de nachten werden langer. De bomen lieten hun blaadjes los.

En Gregorius bleef maar spelen. Zelfs toen alle anderen allang naar huis waren.

Hij merkte het pas toen hij stijf van de kou was. En toen hij gerommel hoorde.

Honger!

Hij hipte naar huis en keek in zijn voorraadpot.

Leeg.

Nog geen uitgedroogd zaadje.

Nog geen magere mug.

Nog geen verdord paardenbloemblaadje.

Niets.

Gregorius keek om zich heen.

Naast hem woonde een bever. Gregorius kende die bever wel, hij was een beetje verwaand. Als hij niet aan zijn burcht werkte, dan zat hij erbovenop met zijn borst vooruit om zich heen te kijken. Af en toe hield hij daar een toespraak voor de andere bevers over dat bevers de beste zijn.

Gregorius was dan misschien geen bever, maar hij was zo wanhopig dat hij toch besloot te kijken of zijn buurman een hapje voor hem had. Hij klopte aan bij de burcht.

De bever deed open. 'Ik koop niet aan de deur,' zei hij en hij wilde de deur alweer dichtslaan.

'Wacht!' riep Gregorius. 'Beste bever, ik ben Gregorius, uw buurman. Ik heb de hele zomer vlak bij uw burcht gespeeld.'

'Daar heb ik anders niet om gevraagd,' antwoordde de bever.

'Maar u hebt er vast wel van genoten?' vroeg Gregorius hoopvol.

De bever keek Gregorius wantrouwend aan.

'Ik hou niet van kunstenaars,' zei hij toen. 'Flierefluiters en lanterfanters! Dat zijn het.' De bever werd rood. 'Oplichters en volksverlakkers! O nee, dat zijn wetenschappers. Of ben je soms ook een wetenschapper?'

Gregorius dacht na. Hij wist niet wat een wetenschapper was. Maar het zou wel iets met weten te maken hebben. En hij wist niet zo heel veel, dat wist hij wel.

'Ik ben er vrij zeker van dat ik geen wetenschapper ben,' antwoordde hij.

'Dat scheelt dan weer,' vond de bever.

'Maar wat ik wou vragen,' ging Gregorius verder, 'omdat we tenslotte buren zijn en het winter wordt, en, nou, dus…'

Die arme Gregorius kwam niet uit zijn woorden.

'Zeg nou eindelijk eens wat je van me wilt, ik moet nog een toespraak voorbereiden!' zei de bever.

'Ik heb honger!' riep Gregorius.

Toen begon de bever te lachen.

Het zag er angstaanjagend uit, met die grote oranje tanden van hem.

Maar Gregorius ging dapper door. 'En ik dacht, u houdt van die interessante toespraken en u werkt altijd zo hard aan uw burcht. En ik heb gezongen tijdens uw werk. Wellicht hebt u wat voor me om de winter door te komen? Een paar paardenbloemzaadjes, of wat bladluizen?'

Er viel een dreigende stilte.

'Desnoods een stukje schors om op te sabbelen?' probeerde Gregorius nog.

De bever hief zijn kop, zijn snorharen trilden. 'Je vraagt me of ik jou wil helpen de winter door te komen?'

'Een kleine bijdrage?' vroeg Gregorius nederig. 'Ik ging zo op in mijn muziek. Ik ben helemaal vergeten een voorraad aan te leggen, mijn oma zei nog zo…'

'Flierefluiters en lanterfanters, daar werk ik niet voor!' riep de bever. 'Je zoekt het maar uit, beste buur, adieu en tabee.' En hij smeet zo de deur van zijn burcht dicht.

Gregorius bleef nog even beduusd staan. Toen keerde hij zich om en sprong met zwakke sprongetjes naar huis.

Het zou natuurlijk mooi zijn geweest als de bever op andere gedachten was gekomen. Als hij had beseft dat hij heus wel had genoten van die zomermuziek. Dat hij had gesnuft bij het horen van Bach, omdat het hem aan zijn dode bevervader deed denken.

En dat hij had gehuppeld op de deuntjes van Beyoncé, waardoor het werken aan zijn beverburcht net wat makkelijker ging.

Maar de bever vond wat hij vond en daarmee uit.

Het liep niet goed af met Gregorius. Precies zoals zijn oma al had voorspeld. Sindsdien heeft geen krekel meer zo mooi gespeeld als Gregorius, dat moet je wel weten.

(En luister altijd naar je oma.)

De spreeuw met de pauwenveren

OP EEN DAG STOND een tobberige jonge spreeuw voor de spiegel.
'Bruin is lelijk,' zei hij tegen zijn spiegelbeeld. 'En mijn stippen zitten scheef.'
'Ach, jongen, toch,' zei zijn moeder. 'Je wordt vanzelf een knappe, zwarte spreeuw.'
'Zwart is nóg saaier!' riep de jonge spreeuw.

Hij zuchtte diep en vloog naar buiten. Op de eerste de beste tak ging hij somber voor zich uit zitten kijken.

Plotseling werd zijn aandacht getrokken door een wel heel bijzondere vogel.

De spreeuw viel bijna van zijn tak van bewondering.

Wát een mooi dier!

Het was de pauw, en de pauw voelde dat hij werd bekeken. Dus maakte hij het nog een beetje bonter, want zo zijn pauwen. Hij stak zijn staart omhoog in een waaier van kleurenpracht.

De spreeuw dook naar beneden.

'Meneer! Meneer!' riep hij.

De pauw draaide zich om. 'Ja, kleine jongen?'

'Hoe komt u aan die veren?'

De pauw dacht even na. 'Daar ben ik mee geboren,' zei hij toen.

'O.' De spreeuw zuchtte van verlangen. 'Denkt u dat ik ook ooit zulke veren krijg?'

De pauw liet een stilte vallen. Hij bekeek de spreeuw van top tot teen.

'Nee,' sprak hij toen.

Je kon maar beter duidelijk zijn in dit soort situaties.

Daarop vervolgde de pauw zijn weg. Hij sleepte zijn verenkleed statig met zich mee.

Maar hé!

De staart liet één veer los.

De pauw had niets door, want hij ging helemaal op in zijn statigheid.

Maar de spreeuw kon zijn geluk niet op. Snel als een raaf schoot hij naar voren en pakte de veer.

Hij bleef de pauw op een afstandje volgen. En zo verzamelde hij een heel bosje pauwenpracht.

Met de buit in zijn snavel vloog hij naar huis. Daar zette hij de pauwenveren tussen zijn eigen veren.

Dolgelukkig keek hij in de spiegel. Trots liep hij naar buiten en paradeerde een rondje.

'Bespottelijk!' riep de buurman, een mopperige oude bosuil die één boom verder woonde.

'Kom onmiddellijk binnen!' riep zijn moeder.

'Je zet jezelf voor gek,' lachte zijn zusje.

'En ons ook,' mopperde zijn broertje.

'Zoon, haal die idiote veren er onmiddellijk uit,' beval zijn vader.

Maar de spreeuw was zo gelukkig! Het kon hem niets schelen wat de anderen dachten. Hij bekeek zichzelf in de spiegel en was tevreden.

De volgende dag in de zangklas was het wel even doorbijten.

De andere spreeuwen lachten hem uit.

De meester keek bezorgd.

Maar onze jonge spreeuw trok zich van dit alles niets aan. Hij zong uit volle borst mee.

In de pauze wilden een paar meisjes zijn nieuwe veren van dichtbij bekijken.

Later kwamen er ook een paar jongens bij.

De spreeuw met de pauwenveren liet het rustig gebeuren.

Hij vertelde hoe hij eraan was gekomen. En hij gaf eerlijk toe dat het vliegen wel een beetje moeilijker ging. Maar dat hij toch gelukkiger was zo.

Toen de jonge spreeuw thuiskwam na school, zat zijn oude buurman buiten in de zon.

'Bespottelijk! Ik blijf erbij,' mopperde de uil.

'Het gaat vast wel weer over, hè jongen?' zei zijn moeder.

'Ik vind het eigenlijk wel hip,' gaf zijn zusje toe.

'Mij best, als ik er maar niet zo bij hoef te lopen,' zei zijn broertje.

'Ach, ik hou toch wel van je, met pauwenveren en al,' fluisterde zijn vader.

En zo raakte iedereen in het bos langzaam maar zeker gewend aan de spreeuw met de pauwenveren.

Zo zie je maar weer: blijf jezelf, ze wennen er wel aan.
(Behalve de oude buurman dan.)

Waar een kleine bromvlieg groots in kan zijn

Er was eens een dikke bromvlieg. Ze lette niet op tijdens haar bromvliegtocht, botste tegen een treurwilgtak en tuimelde in het water.

Dom!

Want bromvliegen kunnen veel, maar zwemmen kunnen ze niet.

'Help!' riep de bromvlieg. 'Kannie zwemmen!'

Ze spartelde en proestte en flapperde met haar vleugeltjes.

Het zou slecht afgelopen zijn met de bromvlieg, als het edelhert niet net voorbijwandelde. En als het edelhert niet net toevallig dorst had.

Toen hij zijn kop in het water stak, zag hij de bromvlieg.

'Hé, kleintje,' zei het edelhert. 'Kun jij wel zwemmen?'

De bromvlieg had geen puf meer om antwoord te geven. Ze ging kopje-onder.

Gelukkig zijn edelherten slimme dieren.

Het imposante beest zakte door zijn knieën om er beter bij te kunnen.

Voorzichtig viste hij de bromvlieg met zijn gewei uit het water en legde haar te drogen in het gras.

Héél zachtjes blies hij de bromvlieg droog.

Bezorgd keek hij of er nog leven in het beestje zat.

Eerst bewoog één pootje, toen nog één. Daarna spuugde de bromvlieg een beetje water uit en hoestte een zacht bromvlieghoestje.

'Ze doet het nog!' riep het edelhert blij.

En dat was dom.

Want er liep toevallig net een jager rond. Een jager met gemene oogjes, gemene gedachten en een gemeen geweer.

'Wat een buitenkansje, dat gewei is straks van mij!' De jager ging op zijn hurken zitten achter een struik.

'Klik,' zei het geweer.

En als geweren dat zeggen, is het menens.
Zelfs een blinde jager zou vanaf deze afstand niet missen.
Arm, arm edelhert.

Ondertussen was de bromvlieg weer opgevlogen.
Bromvliegen zijn voor de duvel niet bang.
Ze vloog recht op de jager af.
Haar vleugels waren nog een beetje nat. En er zat nog wat water in haar oren.
Maar ze liet zich niet van de wijs brengen.
Ze zou haar nieuwe vriend redden zoals hij haar had gered!
'Daar ga je, hert,' lispelde de jager.
Hij schoot, maar precies op dat moment vloog onze dappere bromvlieg zijn neus in.
Díép zijn neus in.

Pangau!

Of:

Aupang!

(Want het gebeurde echt precies tegelijk.)
De kogel zwiepte slordig door de lucht en landde ergens in het gras.
Het edelhert sprong geschrokken op.
De bromvlieg vloog de jagersneus uit en ging naar het edelhert toe.
'Gadverdamme,' mopperde ze.
'Zeg, heb jij nou zojuist mijn leven gered?' vroeg het edelhert.
'We staan quitte,' beaamde de bromvlieg.
Het edelhert galoppeerde naar de jager, die nog steeds een beetje beduusd was.
Met zijn gewei greep hij het geweer en slingerde het de sloot in. Daarna pakte hij de jager – het was gelukkig maar een dunnetje – en slingerde hem erachteraan.
'Edelhert?' vroeg de bromvlieg.
'Ja?'
'Ik zit helemaal onder het snot. Ik zou nu best even in bad willen.'
Het edelhert groef een kuiltje met zijn poot en maakte een piepklein badje voor zijn vriendin.
Sinds die dag waren het edelhert en de bromvlieg onafscheidelijk.

De kok die (bijna) zijn kat slachtte

Er was eens een oude kok die al zijn hele leven elke ochtend een varken slachtte.

Dat klinkt als iets heel akeligs om te doen en dat ís het ook, als je erbij stilstaat. Maar dat deed de kok niet. Hij was het zo gewend, hij deed het al zijn hele leven en bovendien: het was zijn werk.

Hij was namelijk een beroemde kok, met zijn eigen restaurant in een oud land-huis vlak bij het bos.

De mensen kwamen van heinde en ver om bij hem te eten. Elke avond zat het restaurant van de kok vol. Stampvol, van de tjok tot in de nok.

Achter het restaurant stond de varkensschuur, verscholen achter een hoge groene haag.

Daar woonden de varkens, die in hun korte ellendige leven geen zonnestraal zagen. Ze zagen alleen de kok, elke dag weer.

'Zo, vandaag neem ik jou,' sprak de kok dan tot een van de varkens.

Het varken dat aan de beurt was huilde, de anderen ook.

Maar de kok hoorde en zag het verdriet niet en slachtte het varken.

Zo ging het iedere dag en zo zou het nog altijd gaan als de kok zich op een dag niet had vergist.

Het was zomer, de zon scheen uitbundig.

(Niet dat de varkens dat zagen, want, afijn, dat had ik al gezegd.)

Het terras zat vol.

Het hulpje van de kok had zich ziek gemeld en zo kwam het dat hij er alleen voor stond.

Het werd de kok allemaal een beetje te veel. Hij was dan ook al oud, met rimpels rond zijn ogen. En met zere knieën en een krakende rug.

Toen iedereen eindelijk weg was – het was al na middernacht – zeeg de kok op een terrasstoel neer.

Hij nam een fles wijn en dronk hem helemaal alleen leeg.

En daarna nog één.

Dat had hij wel verdiend, vond hij.

Hij werd er een beetje overmoedig van, dat heb je soms met wijn.

Hij besloot om nu alvast het varken voor morgen te slachten. Dan kan ik morgen uitslapen, dacht hij.

Zo waggelde hij naar de stal, met het mes in zijn hand.

Maar wat hij niet wist, was dat zijn kat Tijgertje elke avond de varkens bezocht.

Ze hield van de varkens en sprak ze moed in.

Elke nacht gaf ze de varkens een kopje, allemaal, een voor een. En ze zong een klein liedje voor het slapengaan.

Ze was het lichtpuntje van de varkens, die Tijgertje.

Daar zijn katten goed in.

Ze was ook het lichtpuntje van de kok. Doordat hij altijd zo hard werkte, had hij nooit verkering gekregen. Maar hij had Tijgertje. Hij hield zielsveel van haar.

Iedere nacht – nadat ze alle varkens een kopje had gegeven – sliep ze naast de kok op zijn kussen.

Nu ineens kwam de kok binnen, hij waggelde een beetje. Hij greep het eerste varken dat hij zag en hief zijn mes.

Maar het was helemaal geen varken, het was zijn geliefde Tijgertje!

Ze was veel kleiner en zachter dan een varken.

Maar de kok was zo dronken dat hij het verschil niet opmerkte.

Van schrik hielden de varkens hun adem in.

Tijgertje begon te zingen.

Vaarwel, mijn roze vrienden,
dit was het dan.
Ik eindig net als jullie:
in de koekenpan.

Door het lied ontwaakte de kok met een kreet uit zijn dronkenschap. 'Tijgertje!'

Hij liet zijn mes vallen en drukte haar tegen zich aan.

De varkens ademden allemaal opgelucht uit.

De kok hoorde het en keek naar de varkens.

Het leek alsof hij ze voor het eerst zag. En dat wás eigenlijk ook zo.

Hij zag hun vriendelijke roze stopcontactneuzen.

Hij zag hun staartjes.

De roze huid met harde haartjes.

Hun oren, allemaal verschillend van vorm.

Hij hoorde het zachte vriendelijke geknor. En toen keek hij de
varkens in de ogen.

En ze keken terug.

Hij schrok.

Ze keken hem echt áán.

En daardoor voelde hij zich een van hen. Zelfs zonder krulstaart. Al voelde hij
voor de zekerheid aan zijn billen of er niet ineens eentje zat.

Toen kneep hij zijn ogen dicht. Dit wilde hij niet zien!

Maar het was al te laat.

Wat nu?

Naar bed, dacht de kok.

Hij liet zijn mes liggen en rende naar zijn kamer.

Meteen viel hij in slaap, dat heb je soms met wijn.

De volgende morgen dacht hij eerst dat hij had gedroomd.

'Het was maar een droom!' riep hij hardop.

'Het zijn maar varkens!' schreeuwde hij er overmoedig achteraan.

Hij liep naar de stal om er eentje te slachten.

Het restaurant zou vanavond weer vol zitten. De mensen wilden zijn beroemde
worst, ze wilden zijn heerlijke hamlapjes, sappige spekjes uit de pan en die zalige
spiesjes!

En die zouden ze krijgen ook.

Maar toen de kok de stal in liep, zag hij ze weer.

Hij zag ze écht.

De kok vloekte en tierde. Maar het hielp niets.

Er was geen weg meer terug.

Hij werd wat hij nooit gedacht had dat hij worden zou: vegetariër.

Sinds die dag rollebolden de varkens in de wei naast het restaurant.

Wat een geluk!

Wel werden ze een beetje te dik, want ze aten de restjes op die de mensen over-
lieten. En dat waren er in het begin nogal wat.

De kok moest er nog een beetje aan wennen, aan dat nieuwe koken. Maar hij
zette door en het lukte hem wonderwel.

Hij maakte cannelloni met zoete spinazie, geflambeerde cantharellen, gevulde artisjokharten met een krokant korstje, chili sin carne en nog veel meer heerlijks. Het was vlees noch vis, maar dat kon de mensen niets schelen. Het was allemaal alsof er een engeltje over je tong pieste, zo lekker.
En binnen de kortste keren zat het restaurant weer elke avond vol. Stampvol, van de tjok tot in de nok.

Zo zie je maar weer, je bent nooit te oud om te leren.
En Tijgertje?
Die zingt nog steeds iedere avond voor de varkens.
(Maar vegetariër werd ze niet, zo zijn katten.)

Het bosmuisje en het everzwijn

E R WAS EENS EEN EVERZWIJN dat heerlijk op haar rug lag te rollen. De zon scheen, het zand was warm, kortom: het leven was goed.

Het everzwijn viel in slaap en droomde van knollen en eikels, zo veel dat ze ze nauwelijks op kon. Het was een fantastische droom.

Toen trippelde er iets over haar buik. Hè, wat kietelde dat.

Knorrig sprong het everzwijn op.

'Oei!' klonk het. Een klein bosmuisje viel op de grond. 'Een levende berg!' riep hij verbaasd uit.

'Ik ben geen berg, ik ben een everzwijn,' zei het everzwijn. 'En ik ga jou nu opeten, want ik droomde zo heerlijk over eten dat ik ineens enorme trek heb.'

'Nee, mevrouw! Alstublieft niet, mevrouw!' piepte het bosmuisje.

Zijn snorhaartjes trilden van angst.

Zijn kleine kraaloogjes knipperden zo snel als de vleugeltjes van een kolibrie.

Het was ook een angstaanjagend dier, dat everzwijn. Met haar enorme slagtanden, robuuste postuur en die neusgaten zo groot als de ingang van een bosmuizenhol.

'Het spijt me echt, mevrouw,' zei het bosmuisje. 'Ik zal me nooit meer vergissen, dat beloof ik.'

Het everzwijn was nog nooit mevrouw genoemd.

Het beviel haar wel.

Maar wat het muisje zei, klopte niet, vond ze.

'Zoiets kun je niet beloven,' zei het everzwijn.

'Ik doe het toch, mevrouw,' hield het bosmuisje dapper vol.

Het everzwijn ging erbij zitten.

'Kijk,' legde ze uit. 'Als je je ergens in vergist, dan heb je dat niet door. Want als je het wel doorhad, dan zou je je niet vergissen. Dus je kunt helemaal niet beloven

dat je je nooit meer zult vergissen. Want je wéét niet dat je je vergist als je je vergist. Snap je?'

Het kleine bosmuisje dacht na.

Zoals alles aan zijn lijfje waren ook zijn hersentjes klein. Maar ze werkten prima.

'Oké, mevrouw,' gaf het bosmuisje toe, toen het een tijdje had nagedacht. 'Ik beloof dat ik nooit meer een slapend everzwijn zal aanzien voor een berg.'

'Dat is al beter, kleintje,' zei het everzwijn.

'Dan ga ik nu maar gauw naar huis,' zei het bosmuisje. 'Bedankt voor het niet opeten. Als u een keer hulp nodig hebt, dan roept u me maar.'

Hier moest het everzwijn zo hard om lachen dat ze er bijna in bleef.

Maar het lachen verging haar snel!

Want de boer had een val gezet. Een rottige val, met een net.

Het everzwijn trapte er met open ogen in. Ze spartelde als een mug in een spinnenweb.

'Help!' riep ze. 'Help!'

Het bosmuisje hoorde het zwijn roepen en dacht aan wat het had beloofd. 'Het zwijn is in nood, ik ga haar helpen.'

Snel trippelde het bosmuisje naar de plek waar het everzwijn lag te kronkelen.

'Straks komt de boer en die jaagt een kogel door mijn lijf!' jammerde het dier. 'Ik heb namelijk al zijn knollen opgegeten vorige week.'

'Dat is niet zo netjes van u, mevrouw,' zei het bosmuisje.

'Nee,' gaf het everzwijn toe. 'Maar het was wel lekker.'

'Als u nu even stil blijft liggen, dan knaag ik het net door.'

Het everzwijn deed wat haar redder vroeg. En zo knaagde het bosmuisje razendsnel het net kapot.

'Klaar!'

Het everzwijn stond op en maakte een maffe sprong van blijdschap. 'Jij bent dan wel klein, maar je hebt een grootse daad verricht.'

'Je bent nooit te klein om iemand te helpen,' zei het bosmuisje.

En zo is het.

De mieren
hebben het gedaan

D E SFEER WAS DE LAATSTE TIJD een beetje grimmig in het bos. De dieren waren wat somber en ontevreden. Het had lang niet geregend en er was niet veel meer te eten. Ook moest het nodig lente worden.

Het edelhert stond op een heuvel en keek zorgelijk naar beneden.

Twee jonge reeën deden tikkertje en botsten bijna tegen een oude das op.

'Kijk toch uit waar je rent!' Boos hapte de das naar de lange poten van de achterste ree.

De ree schopte daardoor van schrik een mijmerende haas omver.

De haas sprong op en landde per ongeluk op de staart van een rondscharrelende eekhoorn.

De eekhoorn smeet daarop een dennenappel tegen de kop van een laagvliegende mus.

'Eikel!' twitterde de mus.

'Dit kan zo niet langer,' zei het edelhert.

'We moeten er iets op verzinnen,' zei de bromvlieg.

'Maar wat?' vroeg het edelhert.

Daar wist de bromvlieg ook zo één-twee-drie geen antwoord op.

Die dag vloog er een nieuwe bewoner het bos in: een specht met een witte kuif. Hij merkte dat het een beetje rommelde onder deze bosbewoners. En hij wist de oplossing.

De specht landde op een tak vlak bij de vos, die even lag te rollen in het droge zand. 'Het zijn de mieren,' zei hij.

De vos keek op naar de vreemde vogel. 'De mieren?'

Hij had nooit ook maar enige gedachte aan mieren gewijd.

'Ja,' zei de specht. 'Ik zeg het maar gewoon. Ze zijn met te veel, ze woelen de grond om, die toch al te droog is, en straks wemelt het hele bos ervan. En wat doen we dan, hè?'
Dat wist de vos niet.
Maar dat hoefde ook niet, want de specht vloog alweer verder.
De eekhoorn zat mopperend op de tak voor zijn hol.
'Hoi,' zei de specht. 'Wat een tijden, hè.'
'Nou,' zei de eekhoorn.
'Het komt door de mieren,' zei de specht.
'De mieren?' vroeg de eekhoorn.
'Ja, de mieren. Die banjeren met z'n allen door het hele bos.
Ze blijven niet gewoon netjes op één plekje in een boom zoals jij, nee, ze nemen de hele grond in beslag. Ik zeg het maar gewoon.'
'Goh,' zei de eekhoorn.
'Niemand durft het te zeggen,' ging de specht verder.
De eekhoorn tuurde naar beneden, maar hij was een beetje bijziend, dus hij zag geen zier, laat staan een mier. Maar er leek toch wat in te zitten.
Hij keek weer op om te vragen hoe het nou precies zat, maar de specht met de witte kuif was al gevlogen.

Een eindje verderop landde de specht naast de haas. 'Wat een gedoe hè, tegenwoordig.'
De haas knikte. 'Er is iets aan de hand, maar ik weet niet wát.'
'Ik wel.'
'Werkelijk?' vroeg de haas.
'De mieren,' zei de specht zelfverzekerd.
De haas keek naar de grond.

Daar kwam net een stelletje voorbij. Grote rode mieren, op weg naar… Ja, waar waren ze eigenlijk naartoe op weg?

'Ik zeg waar het op staat,' zei de specht toen de mieren voorbij waren. 'Want er is groot gebrek aan duidelijkheid hier in het bos. Die mieren nemen langzaam het hele bos in. Ze zijn met waanzinnig veel. En ze komen ook van buiten, vanuit die kleine armoedige tuintjes in de stad.'

De haas dacht na. Zo had hij het nog nooit bekeken.

'Ze kriebelen en prikken en daar wordt iedereen zo kribbig van,' zei de specht. En toen vloog hij weer weg.

Die avond hield de specht met de witte kuif een toespraak in het bos.

Het was behoorlijk druk, want het nieuws dat er een toespraak gehouden zou worden door de nieuwe bosbewoner ging erg snel.

De specht zat op een tak en keek tevreden naar alle dieren. 'Jullie hebben allemaal gemerkt dat het niet goed gaat de laatste tijd, waar of niet waar?'

'Waar,' beaamden de dieren.

'Ik zeg het maar gewoon,' zei de specht. 'Het komt door de mieren.'

Dat klonk veel dieren bekend in de oren.

En daardoor klonk het ook zo waar ineens.

Zo helder.

'Willen jullie meer of minder mieren?' riep de specht vanaf zijn tak.

'Minder, minder,' gonsde het door het bos.

Het bleef de hele nacht onrustig.

De volgende morgen gingen het edelhert en de bromvlieg bij de dieren langs.
Ze hadden nog niet echt iets verzonnen, maar de bromvlieg had erop aange-
drongen dat het edelhert een praatje moest gaan maken.
Het rook heerlijk in het bos, want het had zojuist een beetje geregend. En er
scheen een waterig, maar dapper lentezonnetje.
Eindelijk!
Ook het edelhert had geluisterd naar de specht. Het zat hem helemaal niet
lekker.
'Wat is het dan precies, dat die mieren fout doen?' vroeg het edelhert aan elk
dier dat hij tegenkwam.
De eekhoorn wist het niet.
De haas ook niet.
'Ze, eh… ze,' probeerde de vos nog.
'Eén, twee, in de maat. Eén, twee, in de maat!' Daar kwam net een stel mieren
langs.
De vos stak een beetje beschaamd zijn snuit in zijn vacht.
Zonder de specht wist niemand meer waar het nou ook alweer over ging.
De specht met de witte kuif… Waar was hij eigenlijk gebleven?

Een eindje verderop keek een beroemde vegetarische kok uit het raam.
Hij zag zijn kat voorbij rennen en slaakte een verontwaardigde kreet.
'Tijgertje!' riep hij. 'Laat die vogel onmiddellijk los!'
Maar Tijgertje deed net of ze het niet hoorde, zo zijn katten.

De wolf en de hond

DE WOLF HAD HONGER, KNAGENDE HONGER.
Dat hebben wolven nogal gauw, want zo zitten wolven in elkaar. Ze rennen veel en maken zich druk en daar krijg je honger van.

'Honger,' mopperde de wolf, terwijl hij door het bos liep. 'Honger.'

Een wezel stak zijn kop om de hoek van een boom. 'Tja,' zei het diertje. 'Had je ook maar geen wolf moeten worden.'

'Hoe bedoel je?' De wolf bleef staan.

'Nou kijk, als je ervoor kiest om zo'n groot roofdier te worden, dan heb je gewoon vaak honger. Je had beter voor zekerheid kunnen kiezen en wezel kunnen worden. Ik, Wiebe de wezel, heb aan één veldmuisje de hele dag genoeg.'

De wolf was niet dom, maar als anderen domme dingen zeggen, kun je als slimme wolf van je à propos raken. En dat was wat nu gebeurde.

De wolf knipperde met zijn ogen, omdat het knetterde in zijn hersens. Toen had hij ze weer op een rijtje.

'Ik ben blij dat ik een wolf ben!' riep hij. 'En ik ga jou opeten.'

Maar Wiebe de wezel was natuurlijk allang gevlucht.

En dus zette de wolf zijn tocht door het bos voort.

Eén mager konijn had de pech in de weg te lopen. Maar dat was bij lange na niet genoeg.

De wolf had zin in iets ánders.

En daarom sloop hij naar de rand van het bos, daar waar de akkers begonnen.

Soms haalde hij met gevaar voor eigen leven weleens een lekker kippetje op een boerderij. Dat zorgde voor een hoop opschudding, lachen!

Hij sloop iets dichterbij, en nog iets.

Het schemerde, maar hij zag toch dat er een hond op het erf zat.

Een weldoorvoede hond.

'Pssst,' zei de wolf.

De hond schrok op en wilde gaan blaffen, maar net op tijd zag ze de wolf.

'Ophoepelen,' zei de hond. 'Anders komt mijn baas en die schiet je dood, dat weet je best.'

Ze was een grote, maar lieve hond.

Ze wist dat de wolf ergens toch een soort familie was en daarom vond ze het niet fijn om hem te verlinken.

De wolf knikte en kwam nog iets dichterbij. Hij likte langs zijn bek. 'We kunnen de kippetjes toch delen?' stelde hij lieflijk voor.

'De kippetjes?'

De wolf wees naar de ren waarin de kippen zaten. Ze waren al op stok gegaan, dus een lekker makkelijke prooi.

'Dat zijn Cato, Samina, Marietje en Abdel de haan! Die ga je toch niet opeten? Barbaar!'

De wolf wist niet wat een barbaar was, maar het klonk als een belediging.

Hij keek nog eens goed naar de hond.

Hij wist dat ze in de verte toch een soort familie waren en daarom had hij wel respect voor haar.

Maar wat zag ze er eigenlijk uit! Ze was zo dik, je zag haar ribben niet eens meer.

Die wist duidelijk niet wat honger was.

'Heb jij nooit honger?' vroeg de wolf.

'Nee, natuurlijk niet. Ik heb binnen in de keuken een bak met brokken.'

'Lig jij nooit wakker van een knorrende maag? Waar je helemaal gek van wordt? Zo gek dat je zelfs een hap gras neemt om maar iets in je bek te hebben?'

'Nee, nooit,' zei de hond.

Ze keek naar de magere wolf en ze zag de honger in zijn ogen. Ze kreeg medelijden met haar verre neef.

'Weet je, misschien wil de baas jou er wel bij hebben. Ze zegt altijd dat ik te lief ben. Jij zou echt een goede waakhond zijn. En dan krijg je ook elke dag een bak met brokken.'

'Is het moeilijk?' vroeg de wolf.

'Totaal niet!' zei de hond. 'En je krijgt een mooie halsband, een lange lijn en één keer per dag mag je naar het bos.'

'Halsband?' vroeg de wolf.

'Ja, kijk.' De hond deed haar kop omhoog zodat hij haar halsband goed kon zien.

'Lijn?'

'Een hele lange,' zei de hond. Ze liep een rondje om het te demonstreren.

'Eén keer per dag naar het bos?' vroeg de wolf ten slotte.

'Ja, dan gaan we samen wandelen, de baas en ik.'

'Wándelen?' De wolf huiverde.

'Je moet er wat voor overhebben,' zei de hond. 'Maar je hebt dan wel elke dag een bak met brokken. Als je dat niet wilt, dan moet je het zelf maar weten.'

Nuffig keek ze de andere kant op.

'Voor mij geen halsband of lange lijn, ik kies ervoor om wolf te zijn!' riep de wolf.

Hij rende langs de hond, regelrecht naar het kippenhok.

De hond zette het op een blaffen. 'Baas, kom snel, er is een dief!'

De wolf sloopte het hok en greep de eerste de beste kip.

Het was Marietje.

De lichten gingen aan en de boerin rende naar buiten met een geweer. Maar de wolf was sneller, hij verdween in het bos.

Hij zou heus wel weer eens honger lijden, maar hij was tenminste vrij!

En Marietje?

Tja, had ze maar geen kip moeten worden, zou Wiebe zeggen.

De eekhoorn legt een ei

E R WAS EENS EEN EEKHOORN die zijn verkering ten huwelijk wilde vragen. Maar voor hij dat deed, wilde hij heel zeker weten of zijn vriend – Fluff heette hij, met twee ff'en – van staartpunt tot oorpluis te vertrouwen was.

En op een morgen besloot de eekhoorn om zijn vriend te testen.

'Oef,' zei de eekhoorn in alle vroegte.

'Wat is er?' vroeg Fluff.

'Ik heb een ei gelegd,' antwoordde de eekhoorn.

Fluff begon te lachen. 'Dat kán helemaal niet! Wij zijn eekhoorns, die leggen geen eieren.'

'Toch is het zo,' kreunde de eekhoorn. Hij lichtte het dekbed een beetje op, zó dat Fluff iets ronds zag.

Het was een ingepakte dennenappel, maar als je niet beter wist zou je warempel denken dat het een ei was.

'Jeetje,' zei Fluff onder de indruk.

'Het deed best pijn,' zei de eekhoorn. 'Ik zou nu wel een paar verse eikeltjes lusten.'

'Ik ga ze meteen halen!' beloofde Fluff. Hij keek heel bezorgd.

Tot zover was de eekhoorn dik tevreden. Maar nu kwam het belangrijkste.

'Luister, Fluff,' zei de eekhoorn. 'Je mag het niet doorvertellen. Aan helemaal niemand. Want dan gaan ze er grappen over maken. Of ze willen het allemaal zien. Daar heb ik geen zin in.'

'Ik zal het tegen niemand zeggen,' beloofde Fluff.

Maar Fluff was hun hol nog niet uit, of hij botste tegen een koolmeesje op.

'Kijk uit waar je loopt,' zei het koolmeesje boos.

'Het spijt me,' zei Fluff. 'Maar…'

Ergens zei een piepklein stemmetje in zijn hoofd dat hij had beloofd om niks te zeggen. Alleen, hij barstte haast. Het aan één iemand vertellen kon toch geen kwaad? En een koolmeesje is zo klein, dat is nauwelijks iemand.

'Maar wat?' vroeg het koolmeesje.

'Mijn vriend heeft net een ei gelegd.'

De ogen van het koolmeesje vielen zowat uit haar kopje. 'Een ei!?'

De eekhoorn knikte. 'Ssst, het is een geheim.'

'Heb je het gezien, is het echt waar?'

'Zo waar als mijn staart,' zei Fluff. 'Maar je mag het niet doorvertellen! Je vertelt het toch aan niemand?'

Het koolmeesje stak haar borst naar voren. 'Waar zie je me voor aan? Zie je me aan voor iemand die alles doorvertelt?'

'Nee,' zei Fluff.

'Precies,' zei het koolmeesje. 'Maar nu moet ik gaan.' En ze vloog op, om het zo snel mogelijk door te vertellen.

Want wat een vette worm is voor de maag, is een vette roddel voor de geest. Een buitenkansje!

Het koolmeesje vertelde het aan de mus.

'Echt? Maar het is een eekhoorn!' merkte de mus op. 'En een mannetje bovendien.'

(Mussen zien er misschien eenvoudig uit, maar het zijn piendere beestjes.)

'Toch is het waar. Zo waar als mijn snavel,' zei het koolmeesje. 'En zo groot als een kippenei.'

Dat verzon ze, maar het kon heel goed waar zijn, dacht ze.

'Zijn vriend vertelde het zelf,' voegde ze er nog aan toe.

Nu geloofde ook de mus het.

Hij vertelde het aan de ekster en de ekster vertelde het aan de haas en de haas vertelde het aan de wezel en de wezel vertelde het aan het everzwijn en het everzwijn vertelde het aan het bosmuisje en het bosmuisje vertelde het aan de mieren en zo gonsde het de hele dag door het bos.

'De eekhoorn heeft een ei gelegd!'

'Zo groot als een struisvogelei!'

'Een heel nest vol!'

'Wat zou eruit komen?' vroeg een kikker nieuwsgierig.

Ja, wat zou eruit komen? Dat wilden de anderen ook wel weten!

Daar gingen ze, naar het hol van de twee eekhoorns.

De ene eekhoorn – die van het ei – lag nog steeds in bed. Hij lag heerlijk te lezen en liet zich door Fluff verzorgen. Hij had het er een dagje van genomen, het is ook niet niets, natuurlijk, als je net je eerste ei hebt gelegd.

'Wat doe je zenuwachtig,' zei hij tegen zijn vriend.

Fluff zat namelijk al een hele tijd aan zijn staart te pulken.

'Ik zenuwachtig? Nee, hoor!'

'Ga dan nog maar een kopje beukennootjesthee voor me zetten.'

Fluff sprong op. 'Natuurlijk!'

De eekhoorn lachte in zichzelf.

Zijn vriend geloofde natuurlijk nog steeds dat hij echt een ei had gelegd, daarom deed hij zo nerveus. Na het kopje beukennootjesthee vertel ik hem de waarheid, besloot hij. Nog even genieten. En dan vraag ik of hij met me wil trouwen, want dat hij goed voor me is, dat is nu wel duidelijk!

Net toen Fluff de beukennootjesthee inschonk, klonk er lawaai van buiten.

Gegons, stemmen, pootstappen en vleugelgefladder.

'Wat is dat?' vroeg de eekhoorn.

'Geen idee,' antwoordde Fluff.

De eekhoorn sprong uit bed. Heel kwiek voor een eekhoorn die net een ei heeft gelegd. Hij opende de deur naar buiten en schrok: heel het bos was uitgelopen! De takken van hun boom zaten vol met vogels en op de grond stonden allerlei dieren verwachtingsvol omhoog te kijken. De haas, de bosmuizen, een pauw, de wolf, de bever, drie everzwijnen, een paar wezels, de kikkers en zelfs het edelhert waren komen kijken.

'Wat doen jullie allemaal hier?' vroeg de eekhoorn verbaasd.

Zijn vriend was stilletjes achter hem komen staan.

'Heb jij ze uitgenodigd?' vroeg de eekhoorn.

'Nee,' piepte Fluff.

'We willen zien wat eruit komt!' riep de pauw met schrille stem.

'Waaruit?' vroeg de eekhoorn.

'Uit de eieren die je hebt gelegd!' knorde het everzwijn.

'Zo groot als die van een struisvogel!' kwetterde een kauwtje.

'Een heel nest vol!' gromde de wolf. En hij likte even langs zijn bek.

De eekhoorn zei niets. Hij draaide zich om naar zijn vriend.

Fluff bibberde van top tot teen. 'Ik...'

'Mijn huis uit!' De eekhoorn duwde hem zo naar buiten.

'Maar ik heb het alleen tegen het koolmeesje gezegd!' riep hij nog. 'Alléén tegen haar!'

De eekhoorn sloeg de deur dicht.

'Heeft hij nou een ei gelegd of niet?' vroeg een roodborstje.

Volgens mij is het nepnieuws,' zei de bever.

'Ik denk dat het waar is,' zei de haas.

'Want zoiets verzin je niet,' vulde een mier aan.

'We zullen moeten afwachten,' zei de das.

En als het niet was gaan regenen, als ze zo langzamerhand niet allemaal een beetje honger hadden gekregen, als de zomer niet was overgegaan in de herfst, ja, dan zouden ze er waarschijnlijk nog zitten.

En de eekhoorn?

Die zat maar te peinzen en te prakkiseren. Want zijn vriend was niet eerlijk geweest, maar hijzelf dan? Met zijn nep-ei?

Hij kwam er niet uit en zit tot op de dag van vandaag nog steeds te peinzen en te prakkiseren.

In zijn eentje.

Een stelletje vreemde vrienden

ZE PASTEN NATUURLIJK VOOR GEEN METER bij elkaar: de rat, de ree, de schildpad en de merel.

De een razendsnel, de ander langzaam.

De een met zijn poten op de grond, de ander met zijn vleugels in de lucht.

De een hield van kaas, de ander van gras.

Niet te doen, zou je denken. Maar niets was minder waar.

Ze konden het ontzettend goed vinden samen. Ze dachten over veel dingen hetzelfde, lachten om dezelfde grappen en waardeerden in de ander de eigenschappen die ze zelf ontbeerden.

Er was wel eens gegniffeld om dit stelletje vreemde vrienden, maar inmiddels was iedereen het wel gewend.

Ze woonden een beetje afgelegen op een fijne plek. Er was een vijver voor de schildpad, een wei voor de ree, een grote kastanje voor de merel en de rat nam van alles wat.

Op een dag ging de ree een lekker ommetje maken. Hij hield nou eenmaal het meest van allemaal van ommetjes.

'Tot zo!' riepen zijn vrienden.

Nou ja, eigenlijk alleen de merel en de rat, want de schildpad lag op de bodem van de vijver te dromen.

Daar ging de ree, huppelend het bos in.

Maar wat een vreselijke pech: de jager was óók net onderweg, met een gloednieuw geweer.

Hij was vastbesloten een mooi dier te schieten. Sinds het debacle met het edelhert voelde hij zich nog steeds een beetje gekrenkt in zijn jagerstrots.

Wat hij zou schieten kon hem niet zoveel schelen, als het maar groter was dan een konijn.

'Of desnoods een konijn dan,' mompelde hij in zichzelf. 'En wat het ook is, ik maak er soep van!'
Daarna hield hij zijn mond en sloop het bos in, met zijn
geweer over zijn ene schouder en zijn tas met netten over
de andere.

Toen het etenstijd was, bleef er één plek leeg.
'Waar is de ree?' vroeg de schildpad.
'Die ging een ommetje maken,' zei de merel.
'Dat is wel een erg lang ommetje geworden,' peinsde de rat.
'Als ik vleugels had, zou ik even zijn gaan kijken,' mompelde de schildpad.
'Ik ga al!' riep de merel.

Het duurde niet lang of ze zag de ree.
Hij was regelrecht in de val gelopen en zat verstrikt in het jagersnet, maar de
jager had hem gelukkig nog niet gevonden.
'O, wat een ramp!' riep de merel.
'Ik zit vast!' jammerde de ree. 'Hoe kon ik zo dom zijn?'
'Je bent niet dom,' zei de merel. 'Die jager is dom. Ik ga gauw de rat halen, die
knaagt je wel los.'
'Schiet op!' riep de ree. 'De jager kan elk moment hier zijn.'
De merel vloog zo snel als ze nog nooit gevlogen had.
'Help, rat, de ree zit gevangen in een net!'
De rat liet meteen alles uit zijn klauwtjes vallen. Zo snel zijn korte
pootjes hem konden dragen, rende hij achter de merel aan naar
de plek waar de ree gevangenzat.

De schildpad bleef alleen achter.
'Ik ben een nutteloos sujet,' zei ze in zichzelf. 'Ik ben lomp en
traag en waarom heb ik altijd zo'n zwaar schild bij me?'
Ze zuchtte diep. Haar vriend zat in nood en zij zou niks
doen?
Zo snel ze kon liet ze zich op de grond
glijden en ging ook op pad.
Je wist maar nooit of een schildpad
nog eens van pas zou kunnen
komen.
Traag voor ieder ander, maar
snel voor een schildpad kroop
ze naar de plek des onheils.

De jager zag de ree en riep opge-
togen:
'Reeënsoep! Is me dat even lang
geleden!'
Maar precies op dat moment had de rat
het net doorgeknaagd.
De ree sprong uit het net, schudde het af en rende
weg, het struikgewas in.
De jager legde meteen zijn geweer aan, maar het was al te
laat! Hij zag dat beest nergens meer. Woedend gromde hij een duivelse vloek.
De ree zat in het struikgewas, de rat verschool zich achter een omgevallen eik en
de merel verborg zich tussen de bladeren van een beuk.
Maar wie kwam daar op haar gemakje aanschuifelen?
Juist, de schildpad.
De boze blik van de jager veranderde op slag.
'Schildpaddensoep,' fluisterde hij. 'Dat is óók lang geleden.'
Hij wist dat het eigenlijk beneden zijn waardigheid was om zo'n langzaam dier te
vangen, maar hij bezat dan ook niet zo heel veel waardigheid meer.
Zijn geweer of zijn netten had hij niet nodig.
Hij kon het dier zo oppakken.
En dat deed hij.
'Hee!' zei de schildpad.
En dat was het laatste dat ze zei voor ze in de jagerstas
verdween.

Gelukkig had de merel vanuit haar boom gezien
wat er met hun vriendin gebeurde.
'Rat, ree! De schildpad is gevangen!' riep hij.
De ree aarzelde geen ogenblik, hij keerde om en
deed een plagerig dansje voor de jager.
De jager werd gek van hebberigheid en woede. Hij
smeet de tas neer en legde opnieuw zijn geweer aan.
Snel als de wind knabbelde de rat de tas open.

Langzaam voor ieder ander, maar snel voor een schildpad kroop de schildpad
tevoorschijn.
Toevallig kwam zij precies uit bij de benen van de jager. En toevallig had de
schildpad best een grote mond.

Ze nam een fikse hap.

De jager schoot, maar werd tegelijkertijd in zijn been gebeten.

   Pangau!

Of:

   Aupang!

(Want het gebeurde echt precies tegelijk.)

De kogel zwiepte slordig door de lucht en landde ergens in het gras.

De jager viel op zijn kont, boven op zijn kapotte tas.

De ree rende door het bos, gauw naar huis.

De merel vloog boven het bos, gauw naar huis.

De schildpad sjokte door het bos en de rat zat op zijn rug.

'Samen uit, samen thuis,' zei de rat.

Die avond zaten ze gezellig bij elkaar, de rat, de ree, de schildpad en de merel.

Ze bespraken hun avontuur en besloten dat ze zich geen betere vrienden konden wensen.

En de jager?

Die slobberde zijn soep.

Groentesoep.

Het knapste duifje
van de koerklas

IEDEREEN WAS VERLIEFD OP HAAR: het knapste duifje van de koerklas. Prachtig was ze, sierlijk en koket.

Ook de kleine grijze duif kon zijn ogen niet van haar afhouden.

Maar ze zag hem niet staan en ze zag hem niet vliegen. Omringd door haar vriendinnen koerde ze zich door de dag.

Hoe de kleine grijze duif ook zijn best deed, het lukte hem niet haar aandacht te vangen.

Na weer een vruchteloze dag vloog de kleine grijze duif peinzend naar huis.

Hoe moest hij zorgen dat ze hem zag?

Hij droomde nu al zo lang van haar!

Hij droomde van een nestje in de oksel van een mooie boom.

Elke dag zou hij verse zaden en noten voor haar meebrengen. En af en toe een korst brood of een patatje uit de stad.

Hij zou de wind terugblazen als die verkeerd stond.

Hij zou haar veren koesteren en elke avond een
lief slaapliedje koeren.

Hij zou… Hé, wat lag daar?

De kleine grijze duif maakte een
bochtje en vloog terug.

(Vogels kunnen namelijk
niet achteruitvliegen,
behalve de kolibrie, maar
dat is een ander verhaal.)

Daar op de bosgrond lag een
pauwenveer. Glanzend blauw
met groen.

De kleine grijze duif kende hem wel, die ietwat verwaande pauw.

Zodra er een leuk pauwenmeisje langsliep, zette hij zijn veren op.

En dan deed het pauwenmeisje eerst of ze hem niet zag, en dan ging ze tóch met hem mee.

Het hart van de kleine grijze duif maakte een sprongetje. Ineens wist hij wat hem te doen stond.

Hij dook naar beneden, nam de veer in zijn snavel en vloog terug naar huis.

'Wat heb jij daar nou?' vroegen de andere duiven de volgende morgen.

'Wat? O, dat,' zei de kleine grijze duif nonchalant. 'Mijn overoverovergrootvader was een pauw.'

'Echt?'

'Ja,' zei de kleine grijze duif. 'Het is heel zeldzaam.'

Het deed een beetje zeer, want hij had de veer diep in zijn vel gestoken.

Maar het was het allemaal waard.

Want daar kwam ze, het knapste duifje van de koerklas.

Ze hipte bevallig. 'Wat móói,' zei ze.

Het wás zo.

De kleine grijze duif had het blauwgroene pauwenoog nog extra gepoetst.

Hij had een groot stuk van de pen afgeknaagd, zodat de veer niet heel veel langer was dan zijn eigen veren.

Het stond hem echt goed.

'Dus jouw overoverovergrootvader was een pauw?' zei het duifje onder de indruk.

De kleine grijze duif knikte.

Hij draaide zo met haar mee, dat ze het pauwenoog steeds goed kon zien.

'Wat bijzonder,' zei ze. 'Maar waarom hebben we dat niet eerder gezien?'

'Hij is vannacht ineens gegroeid,' verklaarde de kleine grijze duif. 'Zo gaat dat altijd.'

'Deed het pijn?' wilde het knapste duifje weten.

'Een beetje,' gaf de kleine grijze duif toe.

Toen riep de juf haar klasje naar binnen.

'Ho!' zei ze toen de kleine grijze duif vlak na zijn toekomstige vriendinnetje binnenhipte. 'Wat heb jij nou aan je kont hangen?'

'Zijn overoverovergrootvader was een pauw,' legde het knapste duifje uit.

'Laat me niet lachen,' zei de juf.

'Echt waar!' riep het knapste duifje schril.

De juf klapte in haar vleugels.

De hele klas kwam om haar heen staan.

'Luister, kinderen. Wij zijn net als pauwen `aves`, vogels,' legde de juf uit.

'Maar pauwen horen bij de familie van `phasianidae`, oftewel fazant-achtigen. En wij zijn onderdeel van de familie van `columbidae`, oftewel duifachtigen.'

(De juf was heel geleerd en dat was grote pech voor de kleine grijze duif.)

'We zijn dus twee verschillende diersoorten. Je kunt net zomin familie van de pauw zijn als familie van de poes.'

Bij het woord 'poes' ging er een huivering door het hele klasje. Vorige week was er nog een klasgenoot opgegeten.

Het knapste duifje keek de kleine grijze duif boos aan. 'Je hebt gelogen!'

De kleine grijze duif gaf het meteen toe, dat leek hem het beste. 'Ik wilde zo graag dat je me zag staan.'

'Ik kijk je nooit meer aan.' Nuffig hipte ze weg, het knapste duifje van de koer-klas, omringd door haar vriendinnen.

De juf legde haar vleugel op de rug van de kleine grijze duif. 'Ik hoop dat je je lesje hebt geleerd, jongen,' zei ze. 'Pronk nooit met andermans veren.'

En zo is het.

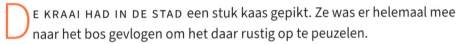

De vos, de kraai en een blokje kaas

D E KRAAI HAD IN DE STAD een stuk kaas gepikt. Ze was er helemaal mee naar het bos gevlogen om het daar rustig op te peuzelen.

Ze wilde net aan haar maal beginnen toen ze de vos zag.

Hij loerde omhoog.

De kraai loerde terug, met het stuk kaas stevig in haar snavel geklemd.

De vos likte even over zijn bek. 'Zeg, heb jij een make-over gehad, of zo?' vroeg hij toen.

De kraai keek verbaasd.

'Je veren,' vleide de vos. 'Ze glimmen zo prachtig ineens.'

De kraai keek even opzij naar haar eigen veren.

Ja, nu de vos het zei, ze glommen inderdaad best wel prachtig.

Ze ging er iets parmantiger van zitten.

Maar de vos was nog maar net op dreef. 'Die snavel van jou,' ging hij verder, 'die heeft zo'n elegante vorm. Dat zie je echt zelden tegenwoordig.'

De kraai slaakte een kreetje.

Zonder haar kaas los te laten, want ze was heus niet gek. Maar ze begon die vos wel te mogen. Hij leek serieus van haar onder de indruk.

En al zou ze echt nooit met een vos thuiskomen – ze viel niet op vossen – een compliment is natuurlijk mooi meegenomen. Vooral voor een kraai. Die krijgen namelijk zelden complimenten.

Ze keek de vos aan.

Hij grijnsde terug. 'Weet je wat ík denk?' zei hij.

De kraai schudde haar kop, nee, maar ze wilde het dolgraag weten.

'Ik denk dat jij de koningin der vogels bent.'

De kraai veerde op van plezier.

De koningin der vogels!

Het zal je maar gezegd worden.

'En ik denk dat jij derhalve een mooiere stem hebt dan de merel en de nachtegaal. Die worden zó overschat.'

De kraai knipperde koket met haar ogen.

Hij had ook zo'n sjieke woordkeuze, die vos, ze werd er helemaal week van.

De vos ging zitten. 'Nou, dat wilde ik gewoon even zeggen.'

De vos zat er helemaal naast.

De kraai had natuurlijk helemaal geen mooie zangstem.

Kraaien kunnen veel dingen, heus, maar zingen kunnen ze niet.

Alleen klonk het zo mooi wat de vos zei en ze wilde zo graag dat het waar was.

En die vos, die sluwe vos, die keek zo eerlijk en trouw uit zijn ogen als hij maar kon.

Net een hond.

'Ik zou er wel even naar willen luisteren, naar jouw prachtige gezang,' ging de vos verder. 'Maar dat is, denk ik, te veel gevraagd?' Hij hield zijn kop scheef. En hij jankte heel zachtjes.

Ach wat, dacht de kraai. Hij heeft gelijk! Ik bén mooi en ik kán goed zingen, luister maar!

Ze opende haar snavel zo wijd ze kon en zong uit volle borst.

Het klonk voor geen meter natuurlijk, want afijn, kraaien kunnen dus echt niet zingen.

En terwijl ze zo lelijk kraste, viel het blokje kaas uit haar snavel, zó in de opengesperde bek van de vos.

Die smakte luid, liet een boer en riep: 'Dank je wel!'

'Vossenlof, ijdel stof,' mompelde de kraai en een beetje beschaamd vloog ze terug naar de stad voor een nieuw stukje kaas.

De Blaaskaak

TUSSEN HET BOS EN HET WEILAND lag een ondiepe sloot.
Een kikkervader zat met zijn kinderen aan de waterkant. Zijn kinderen doken in en uit het water en hij doezelde een beetje in de zon.

De kikkervader verstond de kunst om met zijn ogen dicht vliegen te vangen.

Hij hoorde ze zoemen, liet zijn tong naar buiten schieten en… hap!

Dat was echt heel knap.

Hij was dik tevreden.

Op het weiland naast de sloot graasde vandaag een stier.

De kikkerkinderen gingen op een steen zitten en keken naar het indrukwekkende dier.

'Díé is groot,' zei het zoontje.

'Ja, hè,' zei het dochtertje. 'Het grootste beest dat er bestaat, denk ik.'

De kikkervader opende loom zijn ogen. Hij wilde wel eens zien waar zijn kinderen zo van onder de indruk waren.

'Vinden jullie dat een groot beest?' vroeg hij, toen hij de stier zag.

'Ja,' zeiden de kinderen in koor.

'Denken jullie nou echt dat dát onderkruipsel het grootste beest is dat er bestaat?' deed hij er nog een schepje bovenop.

'Ja!' riepen de kinderen.

En ze hadden gelijk, natuurlijk, dat hebben kinderen meestal.

Maar de kikkervader vond het maar niks, die stomme grote stier.

Hij kon het niet hebben.

'Wacht maar, ik kan mezelf ook groot maken, hoor,' pochte hij. 'Ik heb namelijk de allergrootste kwaakblaas van de wereld.'

(Hij was nogal een blaaskaak, die kikkervader.)

'Letten jullie maar eens op!' De kikkervader blies zijn kwaakblaas op, zoals kikkers dat zo goed kunnen.

'Oeh, groot, hoor!' zei het zoontje.

'Maar de stier is groter,' zei het dochtertje.

'Zei ik dat ik al klaar was?' vroeg de kikkervader.

Hij zou dat beest eens wat laten zien!

Hij blies en blies en zijn groene vel stond zó strak dat je er haast doorheen kon kijken.

'Oeh, groot hoor!' zei het zoontje nog eens.

Het was zo.

Al viel hij nog steeds in het niet vergeleken bij een stier, natuurlijk.

'Maar de stier is nog steeds groter,' fluisterde het dochtertje dan ook.

Later zou ze zich afvragen of ze alles wat daarna gebeurde had kunnen voorkomen door haar grote mond te houden.

Maar kinderen zeggen nou eenmaal wat ze denken.

En al zei ze het heel zachtjes, haar kikkervader hoorde het toch.

Hij kon immers vliegen vangen met zijn ogen dicht, nou dan.

'Ik kan mezelf veel groter maken dan die stomme stier!' riep hij woedend.

'Dat kan ik heus, let maar op!'

'Papa, doe het niet!' riep het zoontje.

'Je bent zo ook groot genoeg!' riep het dochtertje gauw.

Maar al kon de kikker nog zo goed horen, luisteren wilde hij niet.

Hij blies en blies en blies…

PANG!

Met een harde knal knapte de kikkervader uit zijn vel.

Tja, dat krijg je ervan.

De schildpad
en de haas
doen een wedstrijdje

SINDS KORT MAAKTE DE SCHILDPAD dagelijks een ommetje door het bos. Dat was gezond, zeiden ze. En omdat de schildpad nog ouder wilde worden dan ze al was, luisterde ze naar dit advies.

Zodoende was ze dagelijks op het bospad te vinden voor haar wandelingetje.

Ook vandaag ging ze weer op stap.

Rustig aan, want rennen gaat natuurlijk niet, met zo'n schild op je rug.

De haas huppelde langs. Hij hield even in en probeerde net zo langzaam te lopen als de schildpad. Maar dat lukte hem gewoon niet!

'Sjongejongejonge, wat ga jíj langzaam!' zei de haas.

'Nou en?' vroeg de schildpad.

'Nou saai,' zei de haas.

'Niks saai,' antwoordde de schildpad. 'Als je met zevenmijlslaarzen loopt, zie je geen madeliefjes.'

'Wat moet je met madeliefjes?' vroeg de haas.

De schildpad zuchtte. Die haas ook altijd met zijn praatjes.

'Laten we een wedstrijd doen,' stelde de schildpad voor. 'De omgevallen eik is de finish, wie er het eerste is.'

'Hahahaha!' riep de haas. Hij buitelde om van pret. 'Je maakt zeker een grapje?'

'Nee hoor,' zei de schildpad. 'Ik maak nooit grapjes.'

'Nou, oké dan,' zei de haas.

Hij vroeg de kraai om scheidsrechter te zijn.

Dat wilde de kraai wel. Ze vloog alvast naar de omgevallen eik, om straks goed te kunnen zien wie er als eerste aankwam.

'Klaar voor de start, af!' riep de haas en hij schoot ervandoor.

'Opgeruimd staat netjes,' zei de schildpad en ze ging rustig verder met haar ommetje.

De haas sprintte voort tot hij bij het vennetje kwam.

'Alle tijd om even mijn dorst te lessen,' zei hij. 'Die slome schildpad is nog niet eens halverwege. Bespottelijke wedstrijd dit!'

En weer schoot hij in de lach.

Dit moesten zijn vrienden weten.

Hij maakte een selfie, en schreef eronder:

De schildpad daagde me uit voor een hardloopwedstrijd!

En hij zette er tien van het lachen huilende smileys bij.

Hij wachtte even of hij vind-ik-leuks kreeg.

Ja, daar was er al een, van de bosuil.

En eentje van de eekhoorn.

Dat ging lekker.

Hij ging even op zijn rug liggen in het gras, tussen de madeliefjes.

Het zonnetje scheen, zijn telefoon zakte uit zijn poot en de haas viel in een heer-lijk diepe slaap.

Hij droomde dat hij rende en een medaille kreeg.

En hij droomde dat hij zo veel vind-ik-leuks kreeg dat hij de tel kwijtraakte.

Terwijl hij dat droomde, kwam de schildpad voorbij. Nog steeds op exact hetzelfde tempo.

Ze zag de haas en dacht: wie slaapt ziet óók geen madeliefjes.

En zonder de haas wakker te maken schuifelde ze verder.

De omgevallen eik kwam al langzaam in zicht. Straks ging ze nog echt winnen ook!

Ondertussen droomde de haas van een dikke, knaloranje wortel, een wortel met pootjes die voor hem uit rende.

'Kom hier, wortel!'

De haas werd wakker van zijn eigen geschreeuw.

Hij keek om zich heen.

In de verte hoorde hij geschreeuw.

'Je bent er bijna, schildpad!'

Dat was de schelle stem van de kraai.

O nee, de wedstrijd!

Snel stoof de haas het pad op, gauw, gauw, naar de omgevallen eik.

'Nog een paar stapjes, je kunt het!' kraste de kraai.

De kraai kon dan misschien niet zingen, ze bleek uitermate geschikt als verslag-gever van een wedstrijd.

Vanuit het hele bos waren de dieren naar de finish gekomen.

De haas rende en rende, met zijn oren plat in zijn nek voor extra aerodynamica.

Maar het was tevergeefs. Hij kon de schildpad niet meer inhalen.

Onder luid gejuich zette de schildpad – héél langzaam – haar poot tegen de omgevallen eik.

Vlak daarna botste de haas met zijn volle gewicht tegen de stam, hij kon niet meer remmen.

'De schildpad heeft gewonnen! De schildpad heeft gewonnen!' kraste de kraai.

En zo was het.

fa·bel *(de; v(m);* meervoud: *fabels, fabelen)*
1
kort moraliserend verhaal met dieren of zaken
als handelende personen
2
verzinsel

Een groot deel van de fabels uit deze bundel is – heel losjes – gebaseerd
op bestaande fabels van Jean de la Fontaine (1621-1695) die een groot
deel van zíjn fabels weer – heel losjes – baseerde op de fabels van Aesopus
(een Griekse slaaf die vermoedelijk leefde rond 600 voor Christus).
Maar er zijn ook gloednieuw verzonnen fabels, zoals 'De vele vrienden
van de haas', 'De spreeuw met de pauwenveren', 'De mieren hebben het
gedaan' en 'De eekhoorn legt een ei'.

De schrijver van deze fabels is een zoogdier, een *homo sapiens* zou de juf van het koerklasje zeggen. Ze heet Janneke Schotveld en is vooral bekend van haar boeken over de dierenreddende juf Superjuffie. Ze woont in een oud huis vlak bij het bos, waar ze elke dag te vinden is met haar hond Bolle, die het niet erg vindt om aan de lijn te lopen. Ze houdt van alle dieren, maar iets minder van vrouwtjesmuggen, want die steken, en van slakken, want die eten haar tuin op. Haar lievelingsdier is de poes, ook al eten die soms spechten. Ze heeft er drie, die nooit spechten eten, trouwens, wel bosmuisjes, wat ook wel jammer is. Als ze mocht kiezen zou ze zelf ook liefst een (vegetarische) kat zijn en de hele dag onbezorgd soezen in de zon.

De illustrator van de prachtige illustraties bij de fabels is toevallig óók een *homo sapiens*, ze heet Noëlle Smit en is vooral bekend van haar boeken *Naar de markt* en *In de tuin*. Ze woont in een oud huis vlak bij de zee, waar ze elke dag te vinden is met haar hond(je) Tom, die graag langs zee rent, maar er niet in durft. Zelf durft ze wel in zee en dat doet ze dan ook graag. Haar lievelingsdier is – naast Tom natuurlijk – de zwarte zwaan, want die zijn zo sprookjesachtig en heel mooi om te tekenen. Ze houdt niet van spechten, want die roven de vogelhuisjes leeg. Als ze mocht kiezen zou ze een egeltje willen zijn, zodat ze lekker tussen de bloemen en struiken kan struinen in haar eigen tuin. Dan kan ze die meteen een beetje beschermen tegen de slakken.

Lees alle boeken van Janneke Schotveld

Superjuffie:
Superjuffie komt in actie
Superjuffie op safari
Superjuffie in de soep
Superjuffie in de jungle
Superjuffie op kamp
Superjuffie op de Zuidpool
Superjuffie en het apencircus
Superjuffie in Australië

Botje:
Botje
Botje en de zeven schroefjes
Botje & Co

Verhalen:
De kikkerbilletjes van de koning en andere sprookjes
Het kattenmannetje en andere sprookjes
Avonturen van de dappere ridster
Sint zit vast
De eekhoorn legt een ei en andere fabels

Andere boeken:
Villa Fien
Zsa Zsa
Hotel Kindervreugd
De flat van Fatima
Oma ontsnapt!
De Zolderkinderen

Drie boeken in één:
Robbie & Raffie driedubbeldik
Ouders zijn gek!
Wij zijn de baas!